길마다 입춘

2025

길마다 입춘

박미란 시집

사이재

시인의 말

  나이 들어 꽤 많은 날들을 길 위에서 지냈다. 국토 이곳저곳을 다니며 살아 있음을 확인하고 경이로운 자연과 여러 사람들을 만났다. 감사와 겸허함으로 낮아지는 여정이었다. 그때마다 짧은 생각과 이야기들을 여행수첩에 적었고 이를 근거로 시라는 것을 만들어 봤다. 그것들을 모은 것이 이 서툰 시집이다.

  이 시집이 삶의 무게만큼의 함량을 지녔는지 도무지 측정이 되지 않는다. 나만의 일기장에 묶어 두고자 했다. 그러나 지나온 길들의 그리움이 일렁여 부추겼고 좋은 분들의 격려와 기대가 끝내 마음을 열게 하였다.

  진한 유화의 붓 자국은 아니더라도 살아온 날의 꾸밈없는 소박한 파스텔화쯤은 된다 생각해서 감히 첫 시집을 낸다. 모든 것이 은총이다. 가르침과 사랑을 베푼 주변의 훌륭한 시인님들과 늘 힘을 실어 주는 가족에게도 고마움을 표한다. 여력이 있어 애써 뒤를 잇는 시들이 더 출산된다면 조금이나마 더 숙성되고 향기가 짙어지는 것이기를 소원한다.

                            2025년
                            박미란

차례

길마다 입춘

시인의 말

1부

입춘 13
냉이 14
진달래 15
갈대 16
가파도 17
굴업도 18
느티나무 19
산수국 20
자작나무 숲 21
별을 보며 22
꽃그늘 23
2월의 비 24
올레길 25
목련의 노래 26
이태원 꽃들에게 28

2부

비누 31
형도 32
귤 생각 34
절벽의 들국화 35
가죽나무 36
억새 38
까치밥 39
나들길 40
단풍 41
눈 42
안반데기 43
천불동 계곡 44
성산 일출봉 45
춘천 46
두물머리 48

3부

북촌 바당 51
호수 52
배롱나무 53
수련 54
구담마을 봄맞이 55

다낭 미케비치 해변 56
눈송이의 노래 57
사라오름 58
소나무 59
여름의 끝 60
원추리꽃 61
성삼재의 별 62
금오도 동백꽃 63
시화호 64
복수초 65

4부

죽령 옛길 69
겨울밤 70
꽃차 이야기 71
친구들 72
진달래 아버지 73
고모 74
위층 할매 75
손자 만나는 날 76
유월 77
상모리의 달 78
영주산 79
잉어 80

곶자왈 81
만추 82
산수유 83

해설
길에서 부른 희망가 85
박부민(시인)

1부

입춘

아침 햇살이 슬며시
고운 씨앗 한 알 내려놓고 샀다

솔잎에 녹고 있는 추위의 두께만큼
고운 것에는 늘 눈물이 틈입한다

봄은 어디서 자기 생을
못내 견디고 있었나

계절 없이 수다스런 새들이
숲의 겨드랑이를 간질이고 있다

따라 웃는 우리의 발걸음이
바람의 정방향을 등에 업고

밑에서 위로 옆에서 옆으로
길마다 입춘이라고 쓰며 간다

냉이

흙바람 이는 길
납작 엎드린 초록이 보인다

외진 밭두렁에
설렘으로 돋아난 숨결

까칠한 얼굴을 살짝 비치더니
흙덩이를 껴안고 울음을 터뜨린다

나는 알지, 이파리 비벼 대며
가는 뿌리로 버텨 온 차가운 땅

척박할수록 더 진한
맨살의 뜨거운 향기를

진달래

바람만 스쳐도 파르르 떨리는 꽃잎
연약한 줄기에 매달려 견딘다

다시 피워 올릴 꿈 한 조각
치마폭에 소중히 감싸고

봄에 스러진 이들을 위로하듯
지는 해 풀어 놓은 물감에

분화구도 거리도
산과 바다도 붉게 물든다

하늘에 염원을 띄우는 산등성이
꽃잎들 투명한 눈물처럼 흩어지는 날

갈대

바람을 견디며
울어 댈 때 헤집어지는 상처

강물에 닦으려 해도 휘감기는
핏기 마른 기억들이 있다

얼어붙은 바닥에 뿌리 내린
진득한 몸부림으로

더위와 추위로 작곡한
깊고 처절한 노랫가락은

순정도 연가도 아닌
얼굴 맞대며 살아 낸 노동요였다

가파도

낮은 섬 하나 떠 있다
둘레 한 바퀴 한 시간
발자국마다 고인 짠 바람에
가파도의 숨소리 거칠다

잠길 듯 위태로웠던 파도의 날들
섬 기슭 청보리 밭에 묻고
나그네답게 지낼까

인생 비렁길 가파라도
또 가고픈 가파도
사랑의 빚은 갚아도 갚아도
뱃길 따라오며 또렷하네

굴업도

수평선이
어젯밤에 낳은 듯
떡두꺼비 같은
섬 하나

물결에 부서진 산고의 몸을
사람들은 절경이라 한다

민박집 미역국은
그 내력으로 버글버글 끓는다

아프면 아프다 하지
눈망울 깊은 사슴들은
섬을 닮아 말이 없다

바람 찬 개머리언덕에서
마음속에 이 섬을 품고
별빛처럼 오래 다독인다

느티나무

고추잠자리 어질 거리는 한낮

거친 등껍질엔 매미 울음이 달라붙고

초록은 절정에 이르러

다음 계절을 또 준비한다

아픈 옹이 하나 없는 마을이 있을까

그늘이 안식이 되는 세월의 막바지

모였던 이들이 하나 둘 제 집으로 간다

속 깊은 이야기는 이제 시작인데

산수국

숲 그늘에 피어난 꽃구름
초목 사이 수줍은
오색나비들의 군무

솔바람에 봉오리가 열리고
수많은 사탕을 누가 뿌렸나

가슴 졸이다 활짝 핀 꽃잎
머리맡에 새벽 찬바람 풀어 놓으며
분주하던 어머니

쪽빛 치마가 보인다
몰래 화사하던 얼굴이 보인다

자작나무 숲

얼굴에 검버섯 핀 겨울
흰 숨소리 쌓이는 숲으로 산다

새들이 찾아오면
검은 속눈물을 다 보여주고

얼룩진 마음들은 벗겨 내
곧은 가지 끝에 걸어 둬야지

껍질에 새긴 사랑이
나목의 가슴에서 응결되듯

세상의 화려한 말들 아득히 낯설어
자작자작 시간 타는 냄새 자욱하다

별을 보며

밤 깊을수록 빛나는
별처럼 살기를 기도하지만

가슴에도 아직 덜 깬 별
하나 쯤 있다

삶이 스산해질 때
그 별들을 번갈아 바라본다

저 별과 이 별
사실은 몰래 자리를 바꾸기도 한다는 걸

몹시 흐린 날
창문마저 어두운 날엔 알게 된다

그럴 때면 가슴의 하늘을 열고
아픈 내 별을 오래 닦아 주곤 한다

꽃그늘

그늘 아래
꽃비가 내린다

욕망으로 들끓어
펑펑 터지던 꽃망울

봄날은 짧고
멀리 와 버린 지점

머리에 한잎 두잎
내려앉는 꽃, 흰 그늘

가로수 길 끝 저만치
시간이 웃고 있다

2월의 비

진눈깨비 내린다
경계에 선 불안

가지 않고 떠도는 추위에
육신들이 움츠러든다

달동네 지붕엔 얇은 희망이 달각거리고
골목 끝 생뚱맞은 동백은 핏빛

스며드는 질척함에도
봄은 온다고 하는가

올레길

놀멍쉬멍 어디서나
한라산을 바라보며 걷는다

길마다 스민 제주의 한
아름다운 풍광에 더 처연한 상처들
맑은 날에도 질척이고

산 자와 죽은 자를 위로하고
가까스로 숲을 돌아 나오면

흰 수건들 물결로 펄럭이며
눈물 뿌리는 바다

신발 끈 다시 매는 잰걸음 속에
아픔은 느리게 지나간다

목련의 노래

차마 마주할 수 없구나
봉긋이 솟은 등촉에
불 밝힌 사월

향기 진할수록
되살아나는 아픈 기억
되돌릴 수 없어 껴안은 밤마다
숨죽인 가슴에 내려앉는 물안개

그곳 바다 어디쯤일까
그리움 끝에 만나는
물기 어린 노란 리본

꽃그늘 아래 싸매 둔 상처들
햇살에 헤집어져
다시 터져 나오는 신음

흰 날개 펼쳐 너울너울 춤사위
진실에 목마른 노래가
하늘 끝으로 날아오른다

등불 진 흔적 위에 돋아난 맨살
바람에 흔들리는 꽃잎들

잊지 않겠다는 무언의 약속인가
눈부심이 더는 슬프지 않을
진정한 봄이 오기까지

이태원 꽃들에게

이 무슨 일인가
곱게 물든 단풍보다 더 아름다운
젊음 하나로 빛나던 그대들

현실의 어둠도 미래의 불투명도
잠시 잊고자 함께한 축제가
막다른 이별의 골목이었다니

사랑한다는 말 어스름처럼 품고
떠밀려 스러진 청춘들아
삶의 길목마다 튀어 나와
멍울져 오는 그리움의 아들딸들아

그토록 참담했던 세월호 뱃길 자욱 위에
그대들의 이름을 또 새기다니
우리 모두 역사의 죄수들 아닌가

시간의 두께가 상처를 덮어 줄까
화석 속에서도 선명한 고생대의 꽃잎처럼
되살아 올 그리움의 이름들이여

2부

비누

거품으로 피어나
한 점의 얼룩마저 온몸으로 지우려
스스로 녹아내리는 아픔

지나는 자리마다 어둠을 벗기며
그는 점점 왜소해 간다

형도(衡島)

섬은 기억한다
제방을 쌓기 전 바닷물이
들고 나며 감싸던 모습을

아랫집 털보 아저씨
새벽그물 거두러 가던
발자국 소리를

잡풀 무성한 지붕 너머 사라진 세월
고샅에 찬바람 휘돌아 나가고
녹슨 종탑만 덩그러니
속울음을 토한다

등 떠밀려 떠난 사람들
부서진 삶은 흩어져
어디에들 뿌리 내렸을까

타박타박 하루를 등에 지고 가며
바라보던 노을 진 갯벌
화석이 된 조개껍데기들이
잊힌 이들의 상흔처럼 또렷해지고

찢긴 가슴에 밀려오는 울음소리
들어 주는 이 여전히 없는
유형流刑의 외톨박이
섬은 자꾸만 떠내려가고 있다

귤 생각

수월봉 오르는 돌계단 옆
삭은 플라스틱 바구니에
귤이 햇볕을 쬐고 있다

"한 봉지 천원
 돈은 주머니에
 귤껍질은 바구니 옆"

행인들은 그저 빙긋 웃지만
얇은 합판 조각에 연필로 삐뚤삐뚤
누군가 절실히 적은 소원 같았다

올라갈 땐 짐 되고
사진 찍을 때도 거추장스러울 터
내려 갈 때나 한 봉지 꼭 사 주려니

풍경에 감탄하며 올랐다가
행렬에 끼어 엉겁결에 내려왔는데
어쩌나 딴 길로 와버렸네

절벽의 들국화

누가 손 뻗어
꽃꽂이를 했을까

어지러운 생이
파르르 떨며

돌쩌귀에 깃든 아픔
각인처럼 온몸에 새긴다

눈물도 바람에
쉬 말라빠지는

벼랑의 꽃은
진짜 꽃이다

가죽나무

가죽나무, 생경한 이름이었다
빈 가지 회갈색 등가죽
무수한 주름을 돋우어 서 있었다

들썩이는 봄, 비개인 아침이면
연록 빛 잎사귀 무성해져
모두들 오가며 미소 띠게 했다

언젠가부터 기울어진 그를
밧줄로 묶어 얼마큼 바로 세워 보려고
사람들은 용을 쓰고 있었다

기운 채로도 행복해 보였기에
기울어질 자유마저 없나 싶어
이상스레 마음 아팠다

한 삶이 제 자리에서 비 맞고
햇살에 푸르러지고 무성하다가
땅에 기울 때면 그저 슬퍼야 하는가

이사하는 날 그는 멀어지며 미소를 띠었다

나는 비스듬한 각도로 몸을 기울여
그를 똑바로 보았다

억새

휘젓는 바람에 거푸 눕지만
쉬 꺾이진 않고

따가운 등허리
땡볕에 솜털 부비며
푸르던 날도 흰 빛을 예감하였다

찬란함은 가벼워 흩어지기 쉽고
흩어지는 것들은 대개 눈부시다

이름보다는 연하고
풀보다는 꼿꼿한 저 삶은
꽤 오래 견디는 꽃이다

까치밥

무성한 잎들 다 떠난 후
마른 가지 끝 높이 달린 꽃불 한 알

홀로 남은 아픔 속에서
행인들에게 건네는 위로가 붉다

밤새 별빛으로 달궈진 사랑
서리 엉긴 아침에도 마을을 지핀다

찬바람으로 졸아붙는 몸
겨울이 따뜻해지는 이유가 있다

나들길

스산한 날 나들길을 걷는다
둑을 따라 펼쳐진 갯벌
작은 게들이 거품 물며 들락거리고
허수아비도 떠난 빈들엔
새들이 들고 난다

무심한 갈밭 사이
젖은 신발로 한참을 걸으며
보이지 않는 누군가에게
말을 걸고, 또 화해하고
갈잎과 함께 중얼대고

산 너머 올곧은 비행운을 바라보다
저마저 곧 흩어질 테고
나고 드는 삶이 바닷물 같다 싶은데
햇빛처럼 진득한 윤기가
가슴에 미끄러져 온다

단풍

떠나야 한다
비워야 한다
놓아야 한다

지금이 그때라
마지막 단장이 처연하다

찬바람 한 줄기
더 짙은 색깔을 붓고 가는 오후

짧기에 다시 흐려지는
햇빛의 시간

얼굴마다
흙냄새 가득하다

눈

꽃송이 날린다
헐벗은 나무
대궁뿐인 고추밭
외로운 골목길과
노여워 붉어진 어깨들
엇갈리는 마음들에

하얗게 스민다
낮고 낡은 곳으로
입맞춤하는 천사들처럼
쓸쓸한 마당 위
어둑한 뒤뜰에

괜찮다 다독이는
부드러운 손길
꽃 한 송이 두 송이
한 다발 두 다발
따뜻한 꽃가루 쏟아진다

안반데기

검푸른 배추밭이 끝없다

포기마다 덮인 노동의 무게

안반데기에 기댄 삶이 눈 시리다

비탈진 이랑에 별들을 심고

고단한 잠에 빠진 구름 위

꿈이 가득 열린 숲을 그리는 마을

벌레 먹은 배추 껍질 솎아 내듯

해마다 겹쌓인 한숨 쳐 내며 어둑해지는

내 살던 고향과 무어 다를까

천불동 계곡

날이 설수록 더한 아픔
얼마큼 품고 다독여야
저만큼 둥그러질까

물소리 따라 걸으면
하늘 끝이 아득하다

모난 마음 긁힌 기억들
깎고 깎아 맑은 골짜기

세월 깊숙이 제법 걸어 들어왔지만
얼마큼 깎여야
저들 사이에 낄 수 있을까

성산 일출봉

젖은 들꽃 사이로 오르면
일출봉 어둠 가르고
산통으로 충혈되는 하늘

오름에 부딪쳐
음영 따라 퍼지는 햇살의 선율
평온의 숲에 닿는 노래가 있다

덤덤하게 사랑했던 삶의
낮은 꼭대기에서
우린 몇 년을 더 바람으로 머물까

햇빛 머금고 서로 웃으면
근원을 향한 맑은 슬픔 한 방울
또르르 굴러 와 흐린 눈에 고인다

춘천

은빛 물결에
몸이 부은 호수

둘러 선 산은
앓고 난 아이 얼굴이다

봄이 흐르는 춘천 봄내
살을 에는 추위
굳었던 삭신도 녹아 흐른다

눈부시고 눈부셨던 젊은 날
철길 달려 안개 피어나는
호수를 보았지

청춘들 몰려와
모호하고 몽롱한
도시를 누비며 마음을 녹였지

삶이란 살아가는 것
그때 알았더라면...

카페의 푸른 창 너머
춘천은 여전히 봄이다

두물머리

강물에 살얼음 녹고
봄이 함께 흐른다

한발 늦었나
바람이 부려 놓은 봄 향기
벌써 꽃잎들이 얼굴을 씻고 있다

수양버들 수묵화 붓 자국을 보며
두꺼운 외투는 벗고
햇살 한줌 나눠 마신다

조바심 없어도 봄은 오고
춥고 치열했던 만큼
멀어지는 세월

두 물이 흘러와
다정히 손잡고 다시 가는 곳으로
사랑이 길 잡아 흐른다

3부

북촌 바당

뜨거운 불덩이
바다에 빠지는 시간
혼돈의 구름이 엉킨다

푸른 띠 두르고 눕는 해안선
물결마다 이어도사나
태왁에 의지한
해녀들 숨비 소리

심해에 가라앉아
먹색으로 흔들리는
북촌 바당

유배지의 한과 사월의 눈물이
따끔한 햇살로 가슴을 찌르는
바다는 제주 북촌 바당

호수

물에는 꽃 그림자
바람을 따라 녹색의 일렁임

거부의 몸짓 없이
받아 주는 호수의 품

빛이 스미는 고요
마음을 열어 비춘다

지친 영혼에 내어 줄
빈자리 하나 파문으로 번진다

배롱나무

얼어붙은 날
마른 맨살로 기다렸다

펑펑 터지는 다른 꽃들의 축포로
주눅 들지 않고
천둥 번개 비바람도 견뎠다

그렇게 석 달 열흘
초록 세상을 꽃불로 밝힌다

새 심지 붙여가며
더위 속에서 환한 영혼

갈증 난 생을 불 지피며
덤덤하게 그 자리에 있다

수련

어둠 속에 촉수를 뻗어
진득거리는 불안을 딛고 선
당당한 꽃대

끝없는 들숨 날숨이 부대끼며
맑은 보석을 피워 올렸다

소나기 휘젓고 간 후
구름 떼 어지럽지만

물 아래 사연을 담그고
수련한 자태로 웃는 하루
햇빛 품은 잠자리가 쓰다듬고 있다

구담 마을 봄맞이

봄 길을 쭉 걸어보라

흰 숨결의 섬진강에 가면
봄볕 젖은 꽃잎

천천히 흘러오리

동백 흐드러진
지심도 천상의 노래를 들으리

새싹들의 웃음소리 맑갛다

돌아 왔네 우리의 봄

다낭 미케비치 해변

저무는 해변에 앉아
포성이 난무했다던 그날을 상상한다

모래 위 순한 발자국 남기고
스러져간 맑은 눈동자

노을은 붉은 색을 재빨리 감춘다

전쟁이 지워진 야자수 아래
연인들은 사랑을 한다

네온사인 현란한 열대의 밤
달러를 외치는 행상들 사이로

이리저리 분주한 오토바이 행렬
역사는 아오자이에 싸여 남은 눈물을 닦는다

눈송이의 노래

뜨거운 눈물 많은 새가 되어
시베리아로 가리라

백야의 끝, 순록의 등에 올라 타
툰드라의 그 광막에 착지하리라

노을진 바이칼을 덮어 데우고
지상의 온기를 더 모아 흩뿌려 주리라

거기가 고향이었던 것처럼
원주민들의 주름진 얼굴을 적시리라

사라오름

오름은 호수를 품고
호수는 구름을 품어
물비늘 반짝인다

별들이 은빛 화음으로
노래를 흩뿌린다

갈라진 틈 새살 채우듯
지상에 안개 자욱하다

살아온 길은 오름에 올라
내려다봄직하다

소나무

작은 씨앗이던 때도 알고 있었을까
숲 바람 사이 잎들의 속삭임
나이테에 새기는 연단의 시간들을

늘 그 자리에 있었다
어둠을 뚫고 뿌리를 뻗으며 알았다
가장 귀한 것은 내 것이 아님을

안식처로 내어주며 외롭지 않았다
새들이 들려주는 세상 이야기
모여든 이웃들이 아름다웠다

계절에 순응하며 세월은 흐르고
적막해진 주변을 맴돌다가
따뜻한 그 발아래 오래도록 앉아 있었다

여름의 끝

폭염을 견뎌 낸

풀벌레의 구슬픈 가락

뒤태를 흔들며 갈 사람은 가고

갯벌에 꽂히는 빗방울

들끓던 기억을 식힌다

함께 부대끼며 준비한

벼이삭 알알이 꽉 찬 계절

치열했던 날들의 기억들이

우리들 가슴에서 울컥대며

쏴르르쏴르르 찰랑인다

원추리꽃

노고단 안개 걷히니
얼굴 내미는 주황색 꽃무리

발아래 꽃길에
숨겨진 애달픈 이야기
하루 만에 피었다 진다니

뙤약볕을 품으며 기다린 끝인데
만남이 너무도 짧구나

다시 피면 마음속에
단단히 옮겨 심을 거란다

성삼재의 별

초승달 기울고 쏟아지는 별빛
능선에 부려 놓은 유리알 소리

별무리 아래 빼곡한 봉우리들
어디쯤에 산의 눈물을 숨겼을까

오염된 세상을 떠나 올라온
풀벌레가 대신 울어 주는 밤

지리산 골짜기마다
덧쌓인 별빛이 수북하다

금오도 동백꽃

비렁 끝에 걸린 꽃
바람에 휩쓸릴 때마다
툭! 툭!
토해 낸 한숨
해변에 떨어져 내린다

속마음 보일 수 없어
맺힌 멍울마다
애달픈 동박새의 노래

비렁에 비벼대는 매몰찬 파도
얼마큼 더 붉어야
바다는 동백의 마음을 알까

시화호

호수는 하늘을 바라보고 산다

물새들 옹기종기 자맥질하다
그림처럼 떠 있는 곳

마른 갈대들 부르튼 입술로 떠들어 대는
그 시끄러운 천국이다

야생의 원형에 마음이 열려
삶의 무거움을 비우고 가면도 벗고
바다 풀, 이끼 냄새 실핏줄에 돋는 소름

칼바람 부는 둑을 따라 내달리면
그제야 살아 있음에 눈물이 난다

자꾸 움츠러드는 날에는
철새들 떠나기 전에
천국을 보고 와야 한다

복수초

길어지는 해
북방에는 눈 소식
철새들 점점이 날고

땅에 숨어든 벌레들
새싹을 간질이며 하늘을 엿본다

가냘픈 다리로
기지개를 켜는 복수초는
찬 눈물 한 방울에
꿈도 한 뼘 더 자랐다

시린 눈송이로 세수하던 청춘들
바람을 타고 노란 날개를 펼치는 그날이
정녕 봄이다

4부

죽령 옛길

고갯마루에서 보면 아득하다
소백산 자락 경상 충청을 이어주던
이천 년 애환이 서린 길

돌부리 가득한 골짜기
꿈을 지고 오르내리던
옛사람들의 숨결이 달라붙는다

첩첩산중 냇물에 발 담그며
두고 온 처자 생각에
애잔한 그 노랫가락 굽이굽이
끝내 고향에 닿았을까

쉬엄쉬엄 건너며 오갔을
그들의 땀 냄새
오늘 산꽃 향기에 실려 스며온다

그들이 걸었기에 길이 되었으니
굽은 길이든 곧은길이든
고마운 그 발자국들을 가슴에 담고
속도에서 벗어나 천천히 걸어본다

겨울밤

삭삭삭 할아버지 새끼 꼬는 방
사위던 화롯불 뒤적이면
되살아 화르륵 피어나고
밖은 사락사락 눈이 쌓였다

뒤꼍에 쿵!
눈 더미를 못 이겨
제살 쳐 내는 소나무

창호지 문에 어른거리는
그림자에 놀라
할머니 품에 파고들며
이어지는 이야기 궁금해
귀를 내밀던 밤

그 나이 되어서 알 것 같다
시리고 아픈 겨울을 녹여 내던 사랑

구운 떡 수수 조청에 찍어 먹던
어린 날의 겨울밤 어디쯤
머무른 기억들이 달빛으로 오면
노년의 새벽은 더 멀다

꽃차 이야기

남편은 야생화를 따고
아내는 꽃차를 만들며 산다

건네주는 도라지꽃 보랏빛 차향
어둔 골짜기 별 모양으로 퍼지고

투명한 유리잔에 우러나는 세상
꽃차 한 잔에 스민 삶의 내력을 본다

따뜻한 몸으로 길을 나설 때
조용한 부부의 미소가 자꾸 따라왔다

친구들

처음 만났던 모습 그대로
희끗한 머리칼도 주름도 없이
마법의 세계로 모여든다

엄마로 아내로 며느리로 바빴던 날들
손끝에 물기 털 듯 홀가분한 차림
소박해서 우아한 우리들

다시 꿈꾸는 소녀들이 재잘 댄다
살아온 이야기가 웃음 만발한
신록 사이로 통통 튀며 오십년을 달린다

진달래 아버지

진달래 핀 산에 삽 한 자루 챙겨
취 캐러 가신다는 아버지 따라나선
어린 등에 봄 햇살이 따가웠지요

땀을 식히며 산 중턱에 앉아
조그맣게 고물거리는 사람들과 집들
그 낯선 풍경에 마음 뺏길 때

긴 한숨으로 마냥 먼 곳을 바라보시던 아버지
취은 캤는지, 어찌 돌아왔는지 모르지만
어깨에 내려앉던 산그늘과 매캐한 담배연기로
흐려지던 그 얼굴이 떠올라요

살아내야 했을 스산한 시절의 길목들
산길처럼 이리저리 갈라지는 기억을 되짚고
그날의 당신을 그리며 가슴에 진달래 피워요

고모

진눈깨비 내리면
그 겨울 막내 고모 연지곤지 생각난다
젖은 가마 앞에서 머뭇대며 흐느끼던 색시

구불구불 재 넘어 고모 집에 들어서면
깜짝 놀라 아이고 내 새끼야
행주치마에 손바닥 물기를 닦으며
와락 감싸 주던 또 다른 엄마

아버지를 일찍 여읜
어린 조카들을 끌어안고
늘 가슴 치던 그때 그 고모보다
두 배로 더 산 세월인데

나는 누구에게 버선발로 달려 나가
조카들을 맞이할 엄마 같은 고모인 것일까
그리운 것은 재 너머 고모인가
그런 고모가 되고픈 나인가

위층 할머니

목련 환하게 불 밝히던 날
할아버지 먼 길 떠나시고
홀로 남은 할머니

여름 가을 그렇게 지나고
복지관 가는 길에 더 굽어진 허리
말없이 손잡아 드리니
금세 눈시울에 노을이 든다

가끔 올려다보면 쓸쓸한 형광등 불빛
그래도 잘 계시는구나 싶다가
유예된 내 모습이라 불현 숙연해진다

철문 닫고 사는 시린 세상
크리스마스 선물이라도 자주 건네고
차 한 잔이라도 대접할 것을

뒤늦게 무심함을 탓하는 겨울
창밖에 눈이 내린다
온기를 찾는 이들에게 따스한 이불처럼

손자 만나는 날

나이 들어 설레는 날 드문데
아침부터 서두르는 발걸음

웃음소리 까르르르
입 속엔 옥수수 알 두 개

머루 빛 총총한 눈짓 한 번에
은하수로 날아가는 할미의 마음

아기단풍 같은 고운 손 흔들며
가슴에 폭 안기는 솜털 보송한 씨앗이다

사랑의 햇살 속에 싹을 틔우고
비바람 견뎌 무성한 꽃으로 피거라

유월

설레던 새해, 소망한 일들은
이미 잊힌 듯 유월이 간다

밤꽃 허옇게 무리 지는 한나절
논에선 벼들이 물 마시는 소리

지천에 개망초꽃, 살 통통 오른 흰 구름
있는 듯 없는 듯 스며들어 살라고
말 걸어오는 여름의 향내

달아오르는 열기의 복판에서
남은 반년을 미리 감사할 밖에

상모리의 달

산 그림자 윤슬을 머금고
물결 위에 노래한다

등불 점멸하는 가파도
고단했던 숭어 떼 튀어 오른다

검은 색도 바다에서는 빛이 난다
달 밝은 상모리 해변이 눈부시다

영주산

능선을 타다 언덕에서 멈춘다

휘몰아치는 바람 속에 송아지가

한가로이 되새김질하고 있다

한 걸음만 옮기면 살벌한 경계

시리고 가파른 풀밭도 풀밭이다

웅크려 싸매고 앞만 보며 오르다가

아찔한 곳에도 삶이 있는 걸 알았다

잉어

사려니 숲 물찻오름
분화구에 잉어가 산다하여

급한 마음에 숲속을 휘저으며
오르고 또 오르니

잉어는 없고 고요한 연못
햇살 비낀 물비늘이 반짝인다

잉어 보려고 산 숲에 갔다가
슬며시 내린 구름 조각만 품고 왔다

곶자왈

개가시나무, 때죽나무
나무 나무 나무들
으름덩굴, 환삼덩굴
덩굴 덩굴 덩굴들

고사리, 잡풀까지 발돋움하며
얽히고설킨 어둑한 미로
그렇게 살아가니 살아가는 것이다

말끔히 기획 정돈된 동산도 아름답지만
봉두난발 같은 저 숲에도
따뜻한 이야기들이 가득하다

온갖 벌레들의 축제장이며
비바람 치는 날 새들의 피난처인
곶자왈에 와서 곧잘 웃는 이가 참 사람이다

만추

흐드러진 단풍
색깔의 범람
떠내려가는 잎들
억새의 아우성
사라지는 풀벌레의 비명
휩쓸려 가는 가을은
바다처럼 소용돌이친다

그리고는 적막

들끓던 마음도 서리를 맞아
바위틈으로 굴러 간
도토리만큼 고요하다

산수유

사랑이 움틀 때
저런 색일 테지
잡힐 듯 밀어실 듯
어지러운 듯
일렁이는 빛깔

엷은 미소처럼 스미다가
진한 노랑으로 파도치며
훅 물들어 오면
화들짝 놀라는
그 첫사랑일 테지

해설
길에서 부른 희망가

박부민 시인

1. 삶이 일기, 그리고 낙관론

박미란 시인의 첫 시집 『길마다 입춘』은 길 위에서 부른 희망의 노래다. 이 시집은 '길'이라는 여정 속에서 '입춘'이라는 희망의 징후를 포착하며, 그 사유의 결을 따라 걸어간다. 여기서 '길'은 인생을 표상하는 익숙한 상징 기호로, 유한한 삶의 조건을 내포한다. 시인은 그 길이 변화무쌍한 정황과 마주해야 하는 고된 여정임을 거듭 확인한다.

길의 본질은 예측 불가능한 미래에 있다. 누구도 자신의 삶의 길을 미리 알 수 없다. 이러한 실재를 수용하는 태도는 사람마다 다르다. 여행자로서의 인간은 지나치는 풍경마다 비관이나 낙관 중 하나의 태도로 세계를 응시한다. 박미란 시인은 낙관론자의 시선을 택한다. '길마다 입춘'이라는 표제는 이 세계관을 상징적으로 드러낸다.

'입춘'은 봄의 시작을 의미하지만, 동시에 아직 완연한 봄이 오지 않았음을 뜻한다. 봄의 기운이 감돌지만 여전히 겨울의 잔설이 있는 시간. 시인은 이 미완의 계절을 감내하며, 온전한 봄을 향해 더 걸어야 할 여정의 무게를 기꺼이 감당한다. 따라서 박미란 시인의 낙관은 근거 없는 긍정이 아니라, 봄의 징후를 감지하고 그 희망을 매일의 삶 속에 써 내려가는 실존적 윤리에 가깝다.

실제로 「시인의 말」에 따르면, 이 시집은 전국 곳곳을 여행하며 기록한 수첩 속 언어들을 시로 형상화한 결과물이다. 이 시집에는 여행지에서 만난 수많은 식물들과 풍경들이 자리한다. 박 시인은 겨울의 상흔을 안은 채 새로 만나는 길마다 봄을 불지피겠다는 실천적 의지로 이 질료들을 시로 표현했다. 자연과 풍경에 대한 이런 윤리적 응시는 서정으로 전환되고 삶의 미학과 사회적 감수성으로 이어진다.

2. 울음이 노랫가락으로

먼저, 박 시인은 개인적 경험과 서정을 일상에 연결해 육화시킨다. 과장된 비유나 수사, 난해한 기교보다는 소박하고 교훈적인 삶의 가치를 지향하며, 누구나 읽고 동감할 만한 어법과 주제의 집중력을 보인다.

> 바람을 견디며
> 울어 댈 때 헤집어지는 상처
>
> 강물에 닦으려 해도 휘감기는
> 핏기 마른 기억들이 있다
>
> 얼어붙은 바닥에 뿌리 내린
> 진득한 몸부림으로
>
> 더위와 추위로 작곡한

깊고 처절한 노랫가락은

순정도 연가도 아닌
얼굴 맞대며 살아 낸 노동요였다
　　　　－「갈대」 전문

　갈대에게는 "바람을 견디며/울어 댈 때 헤집어지는 상처"와 "강물에 닦으려 해도 휘감기는/핏기 마른 기억들"이 있다. 쉽게 지워지지 않는 상처와 기억으로 흔들리지만, 갈대는 "진득한 몸부림"으로 이를 극복한다. 그 몸부림은 "얼어붙은 바닥에 뿌리 내린" 것이라 한다. 삶의 고통에 맞서 얼마나 척박한 배경 속에서 질기게 버텨 왔는지를 묘사하는 것이다.
　갈대의 상징 기표는 연약함이다. 바람에 쉽게 흔들리고 울음도 끊이지 않는다. 상처와 고통의 기억들이 축적되는 생존 여정에서 위태롭지만, 그런 존재가 외적인 압박에 지배당하지 않고 꿋꿋하게 살아남는 강한 존재로 전복된다. 이는 박 시인의 경험 이입의 결과이기도 하다. 그의 시는 대체로 길 위에서 맞닥뜨리는 고난의 극복 과정과 그 후 터득되는 삶의 지혜, 세계관의 확장에 대한 고백이다.
　결국 갈대의 울음은 "더위와 추위로 작곡한 노랫가락"으로 변한다. 더위와 추위는 앞서 언급된 바람과 함께 삶의 역경을 상징한다. 시인은 그 고통을 승화시켜 낙관적 재료로 삼아 깊고 처절한 노래로 만든다. 이 노랫가락은 단순한 개인적 "순정도 연가도 아닌", 함께 노력하며 "얼굴 맞대며 살아 낸/노동요"다. 분투하는 삶에 대한 응원가인 셈이다.

시인은 갈대 한 줄기에 대한 감정만을 말하는 것이 아니다. 갈대 군락, 즉 공동체적 가치로의 연결을 암시한다. 박미란 시인의 시정신의 근간은 개인적 서정을 가족이나 사회라는 타자에게로 확장하는 데 있다. 연약하지만 고통을 정면으로 껴안고 극복하는 서정의 확장은 「절벽의 들국화」에서도 뚜렷하다. 박 시인은 "온몸에 새겨진" "아픔"으로 "눈물도 바람에/쉬 말라빠지는" "절벽의 꽃은 진짜 꽃이"라고 노래한다. 이는 절벽이라는 극한 환경에 놓인 삶의 고통에 대한 깊은 공감이자, 그것을 극복하며 역설적으로 획득되는 진정한 숭고함에 대한 찬가이다.

시 「영주산」에서도 바람이 휘몰아치는 산에서 송아지를 만나 얻은 교훈을 전한다.

> 한 걸음만 옮기면 살벌한 경계
> 시리고 가파른 풀밭도 풀밭이다
> 웅크려 싸매고 앞만 보며 오르다가
> 아찔한 곳에도 삶이 있는 걸 알았다
> – 「영주산」 부분

"시리고 가파른 풀밭도 풀밭"이라는 표현은 고통을 피하지 않고 맞서는 박 시인의 가치관을 다시금 확인시켜 준다. 그는 위태로운 곳에서도 제 몫을 살아가는 송아지의 모습을 통해 "아찔한 곳에도 삶이 있다"는 지혜를 터득한다. 이는 이웃들의 삶속에 내재한 고통과 상처에 대한 깊은 동감을 의미한다. 박 시인은 여러 인생과 사회가 대면하는 상상 밖의

위기들을 실존적이고 긍정적인 연대감으로 견뎌 내는 태도를 꾸준히 견지한다.

3. 일상에서 얻는 연대감의 교훈

>거품으로 피어나
>한 점의 얼룩마저 온몸으로 지우려
>스스로 녹아내리는 아픔
>
>지나는 자리마다 어둠을 벗기며
>그는 점점 왜소해 간다
>- 「비누」 전문

 자신을 희생하고 타인을 섬기는 존재가 없다면 세상은 얼마나 삭막할까? 자신은 "점점 왜소해 가"면서도 "지나는 자리마다 어둠을 벗기"는 이들이 있다. 비누는 "한 점의 얼룩마저 온몸으로 지우려" 스스로 "녹아내"린다. 그 아픔은 외부의 압박이나 강요 때문이 아니라 자발적으로 선택한 결과다. 우리는 역사와 사회 속에서 이런 숭고한 인물들을 보며 배운다. 대부분 의인이나 위인으로 기억되는 사람들이다.
 그러나 이타적인 삶은 특정 종교인이나 인격자들만의 전유물이 아니다. 존엄한 인간으로서 누구나 갖추어야 할 기본 소양이다. 가정에서는 부모의 헌신과 형제간의 우애가, 친구나 소규모 공동체 안에서는 서로를 돌보는 마음이 그러하다. 이런 미시적 단위의 희생과 섬김이 모여 사회 전체의 어둠을 걸어 낸다.

이 시는 박 시인이 자신과 우리 시대의 부모들, 그리고 다양한 사회적 봉사자들에게 바치는 헌사다. 사회가 이기적인 쳇바퀴에서 벗어나 아름다운 공동체로 변모하려면, 거창한 캠페인에 앞서 개인과 가정, 그리고 작은 공동체들부터 이타적 가치관을 깊이 익혀야 한다는 것을 일깨운다.

식물을 비롯한 사물이나 풍경에서 시작된 서정이 사회적 성찰로 확대되는 예는 「시화호」에서도 찾아볼 수 있다. 시인은 자연 풍경인 시화호를 그리는 데 그치지 않고, '시화호 같은 인생과 사회'를 말한다. 그에게 시화호는 "마른 갈대들 부르튼 입술로 떠들어 대는/그 시끄러운 천국"이다. 그곳은 "야생의 원형에 마음이 열려/삶의 무거움을 비우고 가면도 벗고/바다 풀, 이끼 냄새 실핏줄에" 소름이 돋는 곳이다. 겉으로는 "칼바람이 부는 둑"이지만, 그 길을 "내달리면" "그제야 살아 있음에 눈물이 난다."

인생이나 사회를 불편하고 고통스러운 것으로만 보면 끝이 없다. 비록 다양한 생명들이 모여드는 소란스러운 현장이지만, 그곳은 "시끄러운 천국"이다. 그 속에 삶의 가치가 역설적으로 담겨 있다. 따라서 「시화호」는 고단한 일상을 떠나 휴식을 꿈꾸는 도시인의 위안으로만 읽히지는 않는다. 오히려 지금의 힘든 삶을 회피하지 않고, 새롭게 살아가려는 의지로 읽힌다. 시인은 "자꾸 움츠러드는 날에는/철새들 떠나기 전에/천국을 보고 와야 한다."며 시화호가 주는 교훈을 요약한다. 다시 "시끄러운 천국"인 일상으로 돌아가 "살아 있음에 눈물이" 날 정도의 삶의 의지를 다지라는 권고이다.

풍경에 일상을 투영하는 성찰은 「귤 생각」에서도 잘 드러난다.

    수월봉 오르는 돌계단 옆
    삭은 플라스틱 바구니에
    귤이 햇볕을 쬐고 있다

    "한 봉지 천 원
    돈은 주머니에
    귤껍질은 바구니 옆"

    행인들은 그저 빙긋 웃지만
    얇은 합판 조각에 연필로 삐뚤삐뚤
    누군가 절실히 적은 소원 같았다

    올라갈 땐 짐 되고
    사진 찍을 때도 거추장스러울 터
    내려갈 때나 한 봉지 꼭 사 주려니

    풍경에 감탄하며 올랐다가
    행렬에 끼어 엉겁결에 내려왔는데
    어쩌나 딴 길로 와 버렸네
                      - 「귤 생각」 전문

박 시인은 제주도 수월봉 등산길에서 사연이 깃든 무인 귤 좌판을 발견한다. "삭은 플라스틱 바구니"에 담긴 귤은 궁색한 주인을 암시한다. 그는 부끄러움이나 생계의 어려움으로

인해 무인 판매 방식을 택했을 것이다. 귤이 "햇볕을 쬐고 있다"는 묘사는, 귤들이 잘 팔리기를 바라는 희망의 끈을 암시한다.

판매 안내판은 "한 봉지 천 원/돈은 주머니에/귤껍질은 바구니 옆"이라고 쓰여 있어, 행인들을 "빙긋 웃"게 만든다. 심지어 귤껍질 처리까지 고려하는 세심함에서, 그 익명의 주인이 삶의 고단함 속에서도 유머를 잃지 않았음을 알 수 있다.

시인의 촉수는 여기서 감응한다. "얇은 합판 조각에 연필로 삐뚤삐뚤/누군가 절실히 적은 소원 같았"기 때문이다. 시인은 한 봉지 사 주려 결심하지만, 올라가는 길이라 짐이 될까, 사진 찍을 때 거추장스러울까 망설인다. 결국 풍경에 빠져 "엉겁결에 내려왔다가" "딴 길로 와 버렸"음을 후회한다.

이 경험에서 박 시인은 뼈아픈 교훈을 얻는다. 아무리 예민한 공감 능력이 있어도, 그것을 즉시 행동으로 옮기는 일은 쉽지 않다. 결심이나 내적 약속만으로는 충분하지 않다. 선한 사마리아인이 되려면 순간의 기회를 놓치지 말아야 하고, 망설이거나 후회할 변명거리를 만들지 말아야 한다. 마음을 쓰는 노력과 즉각적인 실천이 필수적이다. 비교적 평이하고 유머러스한 일기처럼 쓰인 이 시는 마지막 연의 "어쩌나"라는 짧은 감탄사로, 우리에게 각성의 큰 종을 울린다.

4. 진정한 봄이 오기까지

박미란 시인의 공감력 각성과 사회적 심상은 우리로 하여금 이웃과 시민으로서의 책임을 깊이 성찰하게 한다. 시인은 또 다른 작품 「위층 할머니」에서, 뒤늦은 후회 하나를 더 고백한다. 이 시의 할머니는 남편과 사별하고 홀로 사는, 매우 연로한 이웃이다. 시인은 "복지관 가는 길에 더 굽어진 허리/말없이 손잡아 드리니/금세 눈시울에 노을이 든다"고 적는다. 그리고 위층을 "가끔 올려다보면 쓸쓸한 형광등 불빛/그래도 잘 계시는구나 싶다가/유예된 내 모습이라 불현 숙연해진다"고 말한다.

  시인은 마치 곧 다가올 자신의 미래를 미리 목도하는 듯, 공감의 감수성이 극에 달한다. 그는 "큰 철문 닫고 사는 시린 세상/크리스마스 선물이라도 자주 건네고/차 한 잔이라도 대접할 것을//뒤늦게 무심함을 탓하는 겨울/창밖에 눈이 내린다/온기를 찾는 이들에게 따스한 이불처럼"이라 마무리하며, 이웃에 대한 배려와 온정의 윤리를 조용히 일깨운다. 박미란 시인의 이러한 공감의 윤리는 사적인 후회에 머물지 않고, 보다 큰 사회적 사건에 대한 비탄과 자책을 넘어 시민적 책임감을 성찰하는 데까지 이른다.

    흰 날개 펼쳐 너울너울 춤사위

    진실에 목마른 노래가

    하늘 끝으로 날아오른다

    등불 진 흔적 위에 돋아난 맨살

    바람에 흔들리는 꽃잎들

    잊지 않겠다는 무언의 약속인가

눈부심이 더는 슬프지 않을

　　진정한 봄이 오기까지

　　　　　　—「목련의 노래」부분

　2014년 4.16 세월호 사건을 애도하는 이 시는, "차마 마주할 수 없"는 봄날의 비극을 껴안고 살아가야 하는 이들의 통곡이다. "꽃그늘 아래 싸매 둔 상처들/햇살에 헤집어져/다시 터져 나오는 신음"은 그 상처와 그리움이 매해 되풀이되는 현실임을 보여준다. 그러나 동시에 시인은 "진실에 목마른 노래가/하늘 끝으로 날아오른다"며 진실 규명의 염원을 드러낸다. 이는 개인적 슬픔을 넘어, 범사회적 의지를 대변하는 외침이기도 하다. "잊지 않겠다는 무언의 약속인가/눈부심이 더는 슬프지 않을/진정한 봄이 오기까지"라는 구절은, 진정한 봄이 올 때까지 애도의 기억을 이어가야 함을 일깨운다.

　그러나 우리 사회는 아직 진정한 봄을 맞이하지 못했다. 세월호의 봄날의 비극은 가을로 확장되어, 2022년 10.29 이태원 참사 사건으로 이어지고 말았다.

　　이 무슨 일인가
　　곱게 물든 단풍보다 더 아름다운
　　젊음 하나로 빛나던 그대들

　　현실의 어둠도 미래의 불투명도
　　잠시 잊고자 함께한 축제가
　　막다른 이별의 골목이었다니

> 사랑한다는 말 어스름처럼 품고
> 떠밀려 스러진 청춘들아
> 삶의 길목마다 튀어 나와
> 멍울져 오는 그리움의 아들딸들아
>
> 그토록 참담했던 세월호 뱃길 자욱 위에
> 그대들의 이름을 또 새기다니
> 우리 모두 역사의 죄수들 아닌가
>
> 시간의 두께가 상처를 덮어 줄까
> 화석 속에서도 선명한 고생대의 꽃잎처럼
> 되살아 올 그리움의 이름들이여
> ―「이태원 꽃들에게」 전문

 이 시는 이태원 참사로 희생된 젊은 생명들을 추모하며, 우리 사회의 안전 불감증과 무책임을 뼈아프게 고발한다. "곱게 물든 단풍보다 더 아름다운" 젊음들이 황망히 쓰러진 이 비극은, 세월호의 슬픔조차 채 아물지 않은 우리 사회에 다시 한 번 핵폭탄 같은 충격을 안겼다. 그래서 시인은 "그토록 참담했던 세월호 뱃길 자욱 위에/그대들의 이름을 또 새기다니/우리 모두 역사의 죄수들 아닌가"라며, 자괴감과 죄책감을 통절히 대변한다.

 반복되는 사회적 비극 앞에서 우리는 단순한 추모나 울분에 머물러서는 안 된다. 책임감 있는 시민의식은 진정한 연대와 현실적 사건 규명, 책임자 처벌로 이어져야 한다. 나아가 재발 방지를 위한 사회 시스템을 구축하고, "화석 속에서도 선명한 고생대의 꽃잎처럼" 지워지지 않는 기억으로 기록하고 학습해야 한다. 이런 지속적 애도의 과정이야말로, 박 시인이 말하는 "진정한 봄"을 실현하는 길일 것이다.

5. 그렇게 살아가니 살아가는 것

박미란 시인은 길 위에서 만난 자연과 사람을 통해 공감의 윤리를 확장해 간다. 그녀의 자연과 사건에 대한 응시와 통찰은 그것들의 생명적 가치와 교훈이 인간과 어떤 접점을 이루는지에 초점을 맞춘다. 풍경에 감응하되 거기에 머물지 않고, 자신의 삶과 이웃을 향한 관계의 미학으로 투영하고 나아간다. 개인적 서정을 삶과 사회적 내면을 성찰하는 프리즘으로 작동시키려 애쓴다. 그래서 상처를 덮거나 외면하지 않고, 기꺼이 수용하고 응전한다. 겨울 같은 고통의 계절을 지나, 공동체적 희망이라는 봄꽃을 피워내고자 하는 것이다.

이 시적 열망이 잘 드러나는 시편이 「냉이」다. 박 시인은 겨울을 견디고 강한 생존력과 희망의 눈물을 머금은 인생의 여정을 압축해 보여준다. 냉이는 "흙바람 이는 길/납작 엎드"려 "외진 밭두렁에/설렘으로 돋아난 숨결"로 "까칠한 얼굴을 살짝 비치더니/흙덩이를 껴안고 울음을 터뜨린다." 역경의 겨울을 버틴 삶은 틀림없이 환한 봄을 맞이할 것이라는 희망의 확신을 시인은 노래한다. "나는 알지, 이파리 비벼 대며/가는 뿌리로 버텨 온 차가운 땅/척박할수록 더 진한/맨살의 뜨거운 향기를" 이는 모든 약한 생명들에 대한 신뢰와 찬가로 울려 퍼진다.

또한 「두물머리」에서는 개인을 넘어, 함께 만들어가는 봄의 의미를 탐구한다. 두물머리는 북한강과 남한강이 합쳐져 새로운 강폭을 이루고 한강이 시작되는 곳이다. 박 시인은 "수양버들 수묵화 붓 자국을 보며/두꺼운 외투는 벗고/햇살 한줌 나눠 마신다"면서 겨울을 벗어던진 자유와 생온을 토대로 화합과 연대, 그리고 다가오는 봄의 희망을 본다. 그녀의 서정은 봄 풍경에 대한 예찬에 그치지 않고, 능동적 성찰과 다짐으로 흐른다. 그래서 초조함을 내려놓고, 함께 손잡아 봄을 만들어 가자고 제안한다. "조바심 없어도 봄은 오고/춥고 치열했던 만큼/멀어지는 세월/두 물이 흘러와/다정히 손잡고 다시 가는 곳으로/사랑이 길 잡아 흐른다."

이런 따뜻한 희망가는, 박미란의 시가 앞으로 공동체적 연대의 가치와 그 즐거움을 이입한 밝은 에너지와 사회적 감수성으로 한 걸음 더 나아가리라는 예감을 품게 한다. 시 「곶자왈」이 그 구체적 증거이다.

> 개가시나무, 때죽나무
> 나무 나무 나무들
> 으름덩굴, 환삼덩굴
> 덩굴 덩굴 덩굴들
>
> 고사리, 잡풀까지 발돋움하며
> 얽히고설킨 어둑한 미로
> 그렇게 살아가니 살아가는 것이다

말끔히 기획 정돈된 동산도 아름답지만
봉두난발 같은 저 숲에도
따뜻한 이야기들이 가득하다

온갖 벌레들의 축제장이며
비바람 치는 날 새들의 피난처인
곶자왈에 와서 곧잘 웃는 이가 참 사람이다
- 「곶자왈」 전문

이 시는 독특한 생태 현장을 통해 다양한 생명들의 조화로운 연대와 공존의 미학을 보여준다. "개가시나무, 때죽나무/나무 나무 나무들/으름덩굴, 환삼덩굴/덩굴 덩굴 덩굴들//고사리, 잡풀까지 발돋움하며/얽히고설킨 어둑한 미로/그렇게 살아가니 살아가는 것이다"라는 구절은, 얼핏 혼란과 무질서로 보이는 숲이 사실은 함께 살아가는 공동체임을 일깨운다. 이것이 시집 전체에 등장하는 많은 식물들과 풍경들에도 스스럼없이 적용되는 박미란의 생태윤리의 요점이다.

이는 백석의 시 「모닥불」의 첫 구절 "새끼 오리도 헌신짝도 소똥도 갓신창도 개니빠디도(…)기왓장도 닭의 도 개터럭도 타는 모닥불"을 떠올리게 한다. 박 시인에게 숲은 잘난 이와 못난 이, 유명과 무명을 가리지 않고 어우러져 살아가는 곳이다. 미로처럼 어둑할 때도 있지만 그것은 결코 절망의 징후가 아니다. "그렇게 살아가니 살아가는 것이다."

따라서 시인은 말한다."말끔히 기획 정돈된 동산도 아름답지만/봉두난발 같은 저 숲에도/따뜻한 이야기들이 가득하다." 이는 무질서를 두둔하는 것이 아니라, 인위가 아닌 자연 그대로의 아름다움을 수용하려는 태도를 뜻한다. 곶자왈이 지닌 생태적 가치는 이러한 수용과 조화에 있으며, 이는 서로 어우러지는 삶과 사회를 향한 지향점이기도 하다. 그래서 우리는 "온갖 벌레들의 축제장이며/비바람 치는 날 새들의 피난처인/곶자왈에 와서 곧잘 웃는 이가 참 사람이다"라는 결론에 깊이 공감하게 된다.

6. 길마다 봄이라고 쓰며 간다

아침 햇살이 슬며시
고운 씨앗 한 알 내려놓고 갔다

솔잎에 녹고 있는 추위의 두께만큼
고운 것에는 늘 눈물이 틈입한다

봄은 어디서 자기 생을
못내 견디고 있었나

계절 없이 수다스런 새들이
숲의 겨드랑이를 간질이고 있다

따라 웃는 우리의 발걸음이
바람의 정방향을 등에 업고

밑에서 위로 옆에서 옆으로

길마다 입춘이라고 쓰며 간다
　　　－「입춘」 전문

　시집 제목이기도 한 「입춘」은 박미란 시인의 삶과 시적 여정이 응축된 결정체다. 앞서 언급했듯 '입춘'은 봄이 시작되는 문턱이자, 여전히 겨울의 잔영이 짙게 남아 있는 시기다. 이 경계적 긴장과 간극은 시인의 삶의 궤적과도 깊이 맞닿아 있다. "고운 씨앗 한 알"은 무채색 일상 속에 내려앉은 작고 조심스러운 희망이다. "고운 것에는 늘 눈물이 틈입한다"는 진술은, 진정한 희망이 결코 값없이 도래하지 않는다는 사실을 환기시킨다. 눈물과 상처는 삶의 불청객이지만, 시인은 바로 그 아픔 속에서 봄을 잉태하는 생명의 가능성을 본다.

　박미란의 시는 늘 그런 '입춘의 자리'에 서 있다. 그에게 봄은 자연의 순환처럼 저절로 오는 것이 아니다. "밑에서 위로 옆에서 옆으로" 함께 애써 써 내려가야 하는 생의 기록이다. "웃으며 (...) 길마다 입춘이라고 쓰며 간다"는 언술은 겨울의 끝자락에서 스스로 봄을 선언하며 즐겁게 살아가겠다는 윤리적 다짐처럼 들린다.

　여기서 '길'은 역시 단순한 이동 경로가 아니다. 그것은 우리가 통과하는 불완전한 삶의 여정이며, 동시에 사회와 타자를 향해 열어 가는 서정의 궤도다. 박미란 시의 힘은 바로 그 길 위에서 발굴해 낸 작고 사소한 것들에 대한 깊은 연민과 감응에 있다. 잔설을 품은 풍경, 작은 화초들, 애틋한 이웃들, 낡고 부서진 일상의 결들을 끌어안으며, 시인은 그 속에서 희망을 감지하고 다시 길을 낸다.

7. 희망의 여정, 더 화창한 지평으로

지금껏 살펴 본 대로 시집 『길마다 입춘』은 박미란 시인이 견지해 온 생의 윤리와 시의 궤적을 하나로 묶어낸 기록이다. 자연과 일상에 조응하면서 연대의 감수성을 길어 올린 서정의 실천물이다. 현존하는 고통과 연약함을 외면하지 않으면서 세계와 타자에 대한 열린 감수성을 지향하는 그는 길 위의 풍경을 존재론적 거울로 삼는다. 따라서 그 풍경은 단지 관조의 대상이 아니라 개인과 사회의 상처와 회복을 상호 투영하는 주체가 된다.

덧붙이자면, 이 시들은 원래 각 끝마다 여행지의 지명이 적혀 있었다고 한다. 길에서 만난 생태 식물들과 풍경들을 서정의 요체로 삼아 박 시인은 단순한 여정의 기록을 넘어 '길 위의 노래'로 전환해 냈다. 시 창작이 본디 상당한 고뇌와 공력을 필요로 한다는 점에서, 그의 수고와 열정은 돋보인다. 물론 이 첫 시집이 거대한 서사나 독특한 문법, 급진적 형식 실험을 보여주지는 않는다. 시어와 형식에서 더 숙련이 필요한 부분도 있다.

그럼에도 이 시편들은 조용히, 단단하게 생의 결을 어루만지고 있다. 이는 미완의 봄을 향해 걷는 모두가 고통을 딛고 피워 낼 따뜻한 생태계, 봄을 노래하는 희망가이다. 우리는 이 길 위의 희망가를 함께 듣고 부르며 봄의 징후들에 공감한다. 이 희망의 서정이 세월 속에서도 동력을 잃지 않기를 빈다. 『길마다 입춘』은 더 화창한 지평으로 나아가는 박미란 시인의 삶과 시의 역동적 여정을 기대하게 한다.

물과별 시선 21

길마다 입춘

1판 1쇄 인쇄일 | 2025년 6월 15일
1판 1쇄 발행일 | 2025년 6월 20일

지은이　　박미란
펴낸이　　신정희
펴낸곳　　사의재
출판등록　2015년 11월 9일　제2015-000011호
주소　　　목포시 보리마당로 22번길 6
전화　　　010-2108-6562
이메일　　dambak7@hanmail.net
ⓒ박미란, 2025

ISBN 979-11-6716-110-9 03810

지은이와 출판사의 동의 없이 이 책의 내용 중 전체 또는 일부를 인용하거나 발췌하는 것을 금합니다.

값 12,000원